L E S

R E P U E S

FRANCHES.

OUS qui cerchez les Repues fran-
ches,
Tant jours ouvriers que dimen-
ches,
N'avez pas planté de monnoye,
Affin que chafcun de vous oye
Comment on les peut recouvrer,
Vueillez vous au fermon trouver,
Qui eft efcript dedans ce livre.
Mettez tous peines de lire (*a*),
Entre vous jeunes perrucatz,
Procureurs, nouveaulx advocatz,
Aprenans aux defpens d'aultruy :
Venez-y toft fans nul eftrif,
Clercz de praticque diligens,
Qui congnoiffez fi bien voz gens,
Sergens à pied & à cheval
Venez y d'amont & d'aval.
Les hoirs du deffunct Pathelin,
Qui fçavez jargon, jobelin,
Capitaine du pont à Billon (*b*),

Tous

(*a*) *Lifez :* Mettez tous peines de *le* lire.
(*b*) *On* Pont à Baillon, *comme ci-deffous.*

A 2

Tous les ſubjetz FRANÇOYS VILLON,
Soyez à ce coup reveillez,
Pas ne debvés eſtre oubliez.
Tous gallans à pourpointz ſans manches,
Qui ont beſoing de Repues franches,
Venez tous apprendre comment
Les maiſtres anciennement
Sçavoyent bien tous les tours.
Meſſire chaſcun paucque denare,
Qui de livres ſçait les uſaiges,
En veult lire tous les paſſaiges;
De ce luy eſt prins appetis.
Venez y donc grans & petis;
Car de la ſcience ſçavoir
Vous ne povez que mieulx valoir.
Venez chevaucheurs d'eſcuyrie;
Serviteurs de grans ſeigneuries.
Venez y, ſans dilation,
Tous gens ſotz de toutes ſortes.
Venez y bigotz & bigottes:
Venez y povres Trupelins,
Et Cordeliers, & Jacopins.
Venez auſſi toutes preſtreſſes,
Qui ſçavez pieça les adreſſes
Des preſtres hault & bas,
Gardez que vous n'y faillez pas.
Venez gorriers & gorrieres,
Qui faictes ſi bien les manieres,
Que c'eſt une choſe terrible,
Pour bien faire tout le poſſible,
Toutes manieres de farſeurs,
Anciens & jeunes mocqueurs.
Venez tous vrays maquereaulx
De tous eſtatz vieulx & nouveaulx;
Venez y toutes maquerelles,
Qui, par vos ſubtilles querelles,

AVEZ

OEUVRES

ATTRIBUÉES À

FRANÇOIS
VILLON;

SECONDE
PARTIE,

CONTENANT

LES PIECES

INDIQUÉES

À LA

PAGE SUIVANTE

LES
REPUES
FRANCHES,
LE
FRANC ARCHIER
DE BAIGNOLLET,
LE DIALOGUE DE MESSIEURS
DE MALLEPAYE
ET
DE BAILLEVANT,
ET
TROIS BALLADES.

Avez tousjours en voz maiſons
Pour avoir en toutes ſaiſons,
Tant jours ouvriers que dimenches,
Souvent les bonnes Repues franches.
    VENEZ y tous bons pardonneurs,
Qui ſçavez faire les honneurs
Aux villages de bons paſtez,
Avecques ces gens curatez, ..
Qui ayment bien voſtre venuë,
Pour avoir la franche Repuë ;
Affin que chaſcun d'eulx enhorte
Les parroiſſiens qu'on apporte
Des biens aux pardons de ce lieu,
Et qu'on face du bien pour Dieu.
Tant que le pardonneur s'en aille,
Le Curé ne deſpendra maille,
Et aura maiſtre Jehan Laurens,
Fermement payans les deſpens,
Et quarte de vin ſimplement
Au Curé à ſon departement.
    DE tout eſtat ſoit bas ou hault,
Venez-y, qu'il n'y ait deffault.
Venez-y varletz, chamberieres,
Qui ſçavés ſi bien les manieres,
En diſant mainte bonne bave,
D'avoir du meilleur de la cave,
Et puis joyeuſement preſchez
Apres que voz gens ſont couchez.
Ceulx qui cerchent banquetz ou feſtes,
Pour dire quelque chanſonnette,
Affin d'atrapper la Repuë.
Que chaſcun de vous ſe remuë,
D'y venir bien legierement ;
Et vous pourrez ouyr comment
Ung grant tas de vieilles commeres,
Sçavent bien trouver les manieres

De faire leurs marys coqus.
Venez-y, & n'attendez plus,
Entre vous prebſtres ſans ſejour,
Qui dictes deux meſſes pour jour,
A Sainct Innocent, ou ailleurs ✠
Venez-y, pour ſçavoir pluſieurs
Des paſſages & des adreſſes
De maintes petites fineſſes,
Que l'en faict bien facillement,
Qui advient par faulte d'argent,
En maint lieu la franche Repuë,
Qui ne doit à nul eſtre tenuë,
Par tel ſy, qui veuë ny aura,
Payera à celuy qui fera
De ceſte Repuë le preſent,
De l'eſcot s'en yra exent.
Moyennant qui monſtre ce livre,
Par ce moyen ſera delivre,
En lieu ou n'aura eſté veu,
Il ſera franchement repeu,
Ainſi qu'on orra plus à plain,
Qui de l'entendre prendra ſoing.

L'ACTEUR.

BALLADE.

I.

QUANT j'euz ouy ce mandemant
Qu'on ſermonnoit venir à l'Acteur,
Le deſſuſdict j'ay penſé fermement
De moy trouver, & en prins l'adventure,

Comme

Comme celuy qui de droicte nature
Vouloit de ce faire narration,
A celle fin qu'il en fuft mention,
A ung chafcun pour le temps advenir
Qui s'entendent & ont intention
Que les Repuës les viendroyent fecourir.

I I.

MAIS ce fecours eft d'anciennement
De tous repas le chieft & par droicture,
Parquoy aulcuns, qui ont entendement,
En treuvent bien aultres s'ils en ont cure,
Et ne cerchent tant que l'argent leur dure ;
Mais font du leur fi grant deftruction,
Qu'ilz en entrent en la fubjection
De faire aux dens l'arquemie fans faillir,
En atendant pour toute production
Que les Repuës les viendroyent fecourir.

I I I.

J'EN ay congneu, que largement fouvent
Donnoyent à tous Repuës outre mefure,
Que defpuis ont continuellement
Servy le pont à Baillon par droicture,
Dont la façon a efté à maint dure
En leur grant dueil & tribulation :
Mais lors n'avoyent nulle remiffion,
Combien que ce leur fift le cueur fremir,
Ilz n'attendoyent aultre fucceffion,
Que les Repuës les viendroyent fecourir.

I V.

PRINCE, puis que ne me puis fecourir
Que de telz faitz ne face mention,

De ce qu'en mon temps ay veu advenir,
J'en vueil faire quelque narration,
Et escripre soubz la correction
Des escoutans, affin d'en souvenir
Ceste presente nouvelle invention,
Que les Repuës les viendroyent secourir.

LA BALLADE DES ESCOUTANS.

QUI en a, il est bien venu,
Qui n'en a point, on n'en tient compte:
Celuy qui en a, il est bien congneu,
Et cil qui n'en a point, vit a grant honte;
Et qui paye on l'exauce & monte
Jusques au tiers ciel pour impetrer,
Son honneur tout aultre surmonte,
Par force de bien acquester.

QUANT entendismes les estatz,
De telz dissimulations;
Congnoissant les haulx & les bas,
Par toutes abreviations,
Nous vismes sans sommations,
Aux champs par boys & par taillis,
Pour congnoistre les fictions
Qui se font souvent à Paris.

POURCE que chascun maintenoit,
Que c'estoit la ville du monde,
Qui plus de peuple soustenoit,
Et ou maintz estranges abonde,
Pour la grant science parfonde
Renommée en icelle ville;
Je partis, & veulx qu'on me tonde,
S'a l'entrée avois croix ne pille.

ij

IL eſtoit temps de ſe coucher,
Et ne ſçavoye ou heberger.
D'ung logis me vins approcher,
Sçavoir s'on m'y vouldroit loger,
En diſant, Avez à menger?
L'hoſte me reſpondit, ſi ay.
Lors luy priay pour abreger,
Apportez le donc devant moy.

JE fus ſervy paſſablement,
Selon mon eſtat & ma ſorte,
Et penſant à par moy comment
Je cheviroye avec l'hoſte,
Je m'aviſe que ſoubz ma coſte
Avois une eſpée qui bien trenche.
Je la lairray, qu'on ne me l'oſte,
En gaige de ma Repuë franche.

L'ESPÉE eſtoit toute d'acier;
Il ne s'en failloit que le fer:
Mais l'hoſte la me fiſt menger,
Fourreau & tout, ſans friſcaſſer,
Puis apres me convint penſer
De repaiſtre, ſe fain avoye.
Rien n'y euſt valu le tencer:
De leans partis ſans monnoye.

L'ACTEUR.

LENDEMAIN m'aloye enquerant
Pour encontrer Martin Gallant,
Droit en la ſalle du palays.
Rencontray pour mon premier mais,
Tout droit ſoubz la premiere porte,
Pluſieurs mignons d'eſtrange ſorte,

Qui

Qui fembloit bien à leur habit,
Qu'ilz fuffent gens de grant acquit.
Lors vins pour entrer en la falle :
L'ung y monte, l'aultre devalle.
Là me pourmenoye de par Dieu,
Regardant l'eftat de ce lieu :
Et quant je l'euz bien regardée,
Tant plus la veoye & plus m'agrée.
Je vis la tant de mirelificqués,
Tant d'ameçons, & tant d'afficqués,
Pour atraper les plus huppez :
Les plus rouges y font gruppez.
A l'ung convient vendre fa terre,
Mais fans fentir là s'en defferre,
Partie ou peu en demourra,
Et tout ce que vaillant aura ;
Cuydant deftruyre fon voyfin,
De Poytou, ou de Lymoufin,
Ou de quelque aultre nation.
Maint en eft en deftruction,
Et fault ains partir de leans,
Qu'ilz facent l'arquemye aux dens,
Ou emprunte qui a credit,
Tout ainfi que devant eft dict.
Quant leur argent fort s'appetiffe,
Lors leur eft Repuë propice ;
Et cerchent plus, n'en doubtez,
Hault & bas de tous cotez,
Comme l'on verra par demonftrance
En ce Traicté des Repuës franches.
Et quant au regard de plufieurs,
Aultres Repuës affez efcriptes,
Affin qu'on preigne les meilleurs,
En lifant grandes ou petites,
Vous aurez maints moyens licites
Comme ilz ont efté happez,

Hault

Hault & bas par bonne conduicte,
De ceulx qui les ont attrappez.

LA PREMIERE REPUE DE VILLON ET DE SES COMPAIGNONS.

QUI n'a or, ne argent, ne gaige,
Comment peult il faire grant chere?
Il fault qu'il vive davantaige:
La façon en est coustumiere.
Sçaurions nous trouver maniere
De tromper quelq'ung pour repaistre?
Qui le fera sera bon maistre.
AINSI parloyent les compaignons
De Maistre FRANÇOYS VILLON,
Qui n'a vaillant deux ongnons,
Tentes, tapis, ne pavillons.
Il leur dist, Ne nous soucions:
Car aujourd'hui, sans nul deffault,
Pain & viande, à grant foyson,
Aurez avec du rost tout chault.

LA MANIERE COMMENT ILZ EURENT DU POYSSON.

ADONCQUES il leur demanda
Quelz viandes vouloyent menger?
L'ung de bon poysson souhaita,
L'autre demanda de la chair.
Maistre FRANÇOYS, ce bon archier,

Leur

Leur dift, Ne nous en foulciez :
Seullement voz pourpointz lafchez,
Car nous aurons viandes affez.

   L o r s partit de ces compaignons,
Et vint à la poyffonnerie,
Et les laiffa delà les pontz,
Quafy plains de melencolie.
Il marchanda à chere lye,
Ung pannier tout plain de poyffon :
Et fembloit, je vous certiffie,
Qu'il fuft homme de grant façon.

   M a i s t r e F r a n ç o y s fut diligent
D'achapter, non pas de payer,
Et qu'il bailleroit de l'argent
Tout comptant au porte-pannier.
Ilz partent fans plus plaidoyer,
Et pafferent par Noftre-Dame,
Là où il vit le Penancier (a),
Qui confeffoit homme ou femme.

   Q u a n t il le vit a peu de plait
Il luy dift, Monfieur, je vous prie,
Que defpechez, s'il vous plaift ,
Mon nepveu ; car je vous affie,
Qu'il eft en telle refverie.
Vers Dieu il eft fort negligent :
Il eft en telle melencolie,
Qu'il ne parle rien que d'argent.

   V r a y e m e n t ce dit le Penancier,
Tres voulentiers on le fera.
Maiftre F r a n ç o y s print le pannier,
Et dit, Mon amy, venez ça ; .
Vela qui vous depefchera
Incontinent qu'il aura faict.
Adonc Maiftre F r a n ç o y s s'en va,
A tout le pannier en effect.

QUANT

(a) Pénitencier.

Quant le Penancier eut parfaict
De confeffer la creature,
Gaigne - denier, par dit parfaict,
Acourut vers luy bonne alleure,
Difant, Monfeigneur je vous affeure,
S'il vous plaifoit prendre loyfir,
De me defpecher à cefte heure,
Vous me feriez ung grant plaifir.

Je le vueil bien en verité,
Dift le Penancier, par ma foy.
Or dictes *Benedicité*,
Et puis je vous confefferay:
En apres je vous abfouldray
Ainfi que je doi faire;
Puis penitence vous bauldra,
Qui vous fera bien neceffaire.

Quel confeffer! dift le povre homme,
Fus-je pas à Pafques abfoulz?
Que bon gré Sainct Pierre de Romme,
Je demande cinquante foulz.
Qu'effe-cy? A qui fommes nous?
Ma maiftraiffe eft bien arrivée!
A coup, à coup, defpechez vous:
Payez mon panier de marée.

Ha! mon amy, ce n'eft pas jeu,
Dift le Penancier feurement:
Il vous fault bien penfer à Dieu,
Et le fupplier humblement.
Que bon gré en ayt mon ferment,
Dift ceft homme fans contredit.
Defpechez moy legierement,
Ainfi que le Seigneur a dit.

Alors le Penancier vit bien,
Qu'il y eut quelque tromperie:
Quant il entendit le moyen,
Il congneut bien la joncherie.

Le povre homme, je vous affie,
Ne prifa pas bien la façon;
Car il n'eut, je vous certifie,
Or ne argent de fon poyſſon.
  MAISTRE FRANÇOYS, par fon blafon,
Trouva la façon & maniere
D'avoir marée à grant foyſon,
Pour gaudir & faire grant chere.
C'eftoit la mere nourriciere
De ceulz qui n'avoyent point d'argent.
A tromper devant & derriere
Eftoit ung homme diligent.

LA MANIERE COMMENT ILZ EURENT DES TRIPPES.

QUE fift il à peu de plet?
  S'advifa de grant joncherie:
Il fift laver le cul bien net
A ung gallant, je vous affie:
Difant qu'il convient qu'il efpie
Quant fera devant la trippiere,
Monftrer fon cul par raillerie;
Puis apres nous ferons grant chiere.
  LE compaignon ne faillit pas,
Foy que doy Sainct Remy de Reins.
A Petit-Pont vint par compas,
Son cul defcouvrit jufques aux rains.
Quant Maiftre FRANÇOYS vit ce train,
Dieu fçet s'il fit piteufes lippes;
Car il tenoit entre fes mains
Du foye, du polmon, & des trippes.
  COMME s'il fuft plain de defpit,

Et

Et courroucé amerement,
Il haulfa la main ung petit,
Et le frappa bien rudement
Des trippes par le fondement :
Puis, fans faire plus long quaquet,
Les voulut tout incontinent
Remettre dedans le baquet.

    LA trippiere ne les voulut reprendre.
Maiftre FRANÇOYS, fans demourer,
S'en alla fans compte luy rendre.
Par ainfi vous povez entendre,
Qu'ilz eurent trippes & marée.
Mais apres fault du pain tendre,
Pour ce difner à grant rifée.

LA MANIERE COMMENT ILZ EURENT DU PAIN.

IL s'en vint chez ung boulanger,
  Affin de mieulx fornir fon train,
Contrefaifant de l'efcuyer,
Ou maiftre d'hoftel, pour certain :
Et commanda, que tout fouldain,
Cy pris, cy mis, on chapellaft
Cinq ou fix douzaines de pain,
Et que bien toft on fe haftaft.

    QUANT la moytié fut chappellé,
En une hotte le fift mettre.
Comment s'il fuft de pres hafté,
Il pria & requift au maiftre,
Qu'aucun fe voulfift entremettre
D'apporter apres luy courant
Le pain chappellé en fon eftre,

Tandis

Tandis qu'on fift le demourant.
LE varlet le mift fur fon col,
Après Maiftre FRANÇOYS le porte;
Et arriva, foit dur ou mol,
Empres une grant vieille porte.
Le varlet defchargea fa hotte,
Et fut envoyé tout courant,
Haftivement tenant fa hotte,
Pour requerir le demourant.
MAISTRE FRANÇOYS, fans contredit,
N'attendit pas la revenuë.
Il eut du pain, par fon edit,
Pour fornir fa franche Repuë.
Le boulenger fans attenduë
Revint, mais ne le trouva point.
Son maiftre de dueil treffuë,
Qu'on l'avoit trompé en ce point.

LA MANIERE COMMENT ILZ EURENT DU VIN.

APRES qu'il fut forny de vivres,
Il fault avoir la memoire
Que s'ilz vouloyent ce jour eftre yvres,
Il failloit qu'ilz euffent à boire.
Maiftre FRANÇOYS, debvez croire,
Emprunta deux grans brocz de boys:
Difant qu'il eftoit neceffaire
D'avoir du vin par ambageoys.
L'UNG fift emplir de belle eaue clere,
Et vint à la pomme de pin,
Portant fes deux brocs fans renchere;
Demandant s'ilz avoient bon vin,

Eij

Et qu'on luy emplift du plus fin,
Mais qu'il fuft bon & amoureux.
On luy emplift, pour faire fin,
D'ung tres bon vin blanc de Baigneux.
   MAISTRE FRANÇOYS print les deux brocs,
L'ung apres l'autre les bouta;
Incontinent, par bon propos,
Sans fe hafter il demanda
Au varlet, Quel vin eft cela?
Il luy dift, Vin blanc de Baigneux.
Oftez, oftez cela,
Car par ma foy point je n'en veulx.
Qu'effe cy? Eftes vous bejaulne?
Vuidez moy mon broc viftement:
Je demande du vin de Beaulne,
Qui foit bon, & non aultrement.
Et en parlant, fubtillement
Le broc qui eftoit d'eaue plain,
Luy changea à pur & à plain.
Par ce point ilz eurent du vin.
   PAR fine force de tromper,
Sans aller parler au devin,
Ilz repurent per ou non per.
Mais le beau jeu fut à fouper,
Car Maiftre FRANÇOYS, à brief mot,
Leur dift, Je me vueil occuper,
Que nous mangerons du roft.

LA MANIERE COMMENT ILZ EURENT DU ROST.

IL fut appointé qu'il yroit
Devant l'eftal d'ung rotiffeur,

Et de la chair marchanderoit, .
Contrefalfant du gaudiffeur;
Et, pour trouver moyen meilleur,
Faignant que point on ne fe joue,
Il viendroit ung entrepreneur,
Qui luy bailleroit fur la joue.

Il vint à la roftifferie,
En marchandant de la viande.
L'autre vint de chere marrie,
Qu'eft-ce que ce paillart demande?
Luy baillant une buffe grande,
En luy difant mainte reproche.
Quant il vit qu'il eut cefte offrande,
Empoigna du roft plaine broche.

Celuy qui bailla le foufflet
Fuift bien toft à motz expres.
Maiftre François, fans plus de plet,
A tout fon roft courut apres.
Ainfi, faus faire long proces,
Ilz repurent de cueur devot,
Et eurent, par leur grant exces,
Pain, vin, chair, poiffon, & roft.

Et pour la premiere Repuë,
Dont apres fera mention,
Bien digne d'eftre ramentuë,
Et mife en revelation:
Et pourtant fans correction,
Affin que l'en en parle encore,
Comme nouvelle invention,
Redigée fera par memoire.

Or advint de coup d'aventure,
Que les fuppoftz devant nommez
Ne cherchoyent rien par droicture,
Que gens en richeffes renommez.
Ung jour qu'ilz eftoyent affamez,
En la porte d'un bon longis

Virent

Virent entrer, fans eftre armez,
Embaffadeurs de loing pays.
   SI penferent à eulx comment
Ilz pourroyent pour l'heure repaiftre :
Et, felon leur entendement,
L'ung d'eulx s'aprocha du maiftre
D'hoftel, & fe fift acongnoiftre ;
Difant qu'il luy enfeigneròit
Le hault, le bas marché, pour eftre
Par luy conduyt, s'il luy plaifoit.
   JE croy bien que monfeigneur le maiftre,
Qui du bas meftier eftoit tendre,
Fift ce gallant tres bien repaiftre,
Et luy commenda charge prendre
De la cuyfine, d'y entendre,
Tant que leur train departira,
Et bien payera, fans attendre,
A fon gré, quant il s'en yra.
   LORS s'en vint à fes compaignons
Dire, Noftre efcot eft payé.
Je fuis ja l'ung des grans mignons
De leans & mieulx avoyé :
Car le maiftre m'a envoyé
Par la ville pour foy fortir ;
Mais, fe mon fens n'eft defvoyé,
Bien brief je l'en feray repentir.
   VA, luy dirent fes compaignons,
Et efguife tout ton engin
A nous rechauffer les rongnons,
Et nous fais boire de bon vin.
Paffe tous les fens Pathelin,
De Villon, & pauque denaire ;
Car fe venir peulx en la fin,
Paffé feras maiftre ordinaire.
   CE gallant vint en la maifon,
Où eftoyt logé l'Embaffade,

Où les seigneurs, par beau blason,
Devisoyent rondeau ou ballade.
Il estoit miste, gent, & sade,
Bien abitüé, & bien empoint;
Robbe fourrée, pourpoint d'ostade:
Il entendoit son contrepoint.

L e principal Embassadeur
Aymoit ung peu le bas mestier,
Dont le gallant fut à honneur.
C'estoyt quasi tout son mestier,
Et luy compta que à son quartier
Avoit de femmes largement,
Qui estoyent, s'il estoit mestier,
A son joly commendement.

L e gallant fut entretenu
Par ce seigneur venu nouveau;
Et leans il fut retenu,
Pour estre fin franc macquereau.
Le jeu leur sembla si beau,
Aussi il fist si bonne mine,
Qu'il fut esleu sans nul appeau
Pour estre varlet de cuysine.

L e s Embassadeurs convoyerent
Seigneurs & bourgeois à disner,
Lesquelz voulentiers y allerent
Passer temps, point n'en fault doubter.
Toutesfoys vous debvez sçavoir,
Quelque chose que je vous dye,
Que l'Embassadeur pour tout veoir
Craignoit moult fort l'Epidimie.

C e gallant en fut adverty,
Qui non obstant fist bonne mine,
Et quant il fut pres de midi,
A l'heure qu'il est temps qu'on disne,
Il entra dedans la cuysine,
Manyant toute la viande,

Comme

Comme docteur en medecine,
Qui tient malades en commande.
  Tous les seigneurs le regarderent,
Son train, ses façons, & manieres;
Mais apres luy pas ne tasterent:
Aussi ne luy challoit-il gueres.
Apres il print les esguieres,
Le vin, le clairé, l'ypocras,
Darioles, tartes entieres:
Il tasta de tout par compas.
  Et povez bien entendre son cas.
Quant il vit qu'il estoit saison,
A bien jouër ne faillit pas,
Pour faire aux seigneurs la raison:
Si bien que dedans la maison
Demoura tout seul pour repaistre,
Soustenant par fine achoison,
Qui se douloit du cousté destre.
  Lors y avoit une couchette,
Où il failloit faire la feste;
Et n'a dent qui ne luy cliquette.
Là se mist commençant à braire,
Que l'en fuist au presbytaire,
Pour faire le prebstre acourir,
A tout dieu, & l'autre ordinaire,
Qui fault pour ung qui veult morir.
  Quant les seigneurs virent le prebstre,
Avec ses sacremens venir,
Chascun d'eulx eust bien voulu estre
Dehors; je n'en veulx point mentir:
Si grant haste eurent d'en sortir,
Que là demourerent les vivres,
Dont les compaignons du martir
Furent troys jours & troys nuytz yvres.
  Par ce point eurent la Repuë
Franche chascun des compaignons.

La

La fineſſe le prebſtre l'a leuë,
Affin de complaire aux mignons;
Mais les ſeigneurs, dont nous parlons,
Eurent tous pour ce coup l'aubade:
Chaſcun d'eulx fut, que nous ne faillons,
De la grant peur troys jours malade.

LA SECONDE REPUE FRANCHE.

UNG lymouſin vint à Paris,
    Pour aulcun proces qu'il avoit.
Quant il partit de ſon pays,
Pas grammment d'argent il n'avoit:
Et toutesfoys il entendoit
Son faict, & avoit ſouvenance,
Que ſon cas mal ſe porteroit,
S'il n'avoit une Repuë franche.
    CE lymouſin, c'eſt choſe vraye,
Qui n'avoit vaillant ung patart,
Se nommoit ſeigneur de Cambraye,
Sans qu'on le ſuyviſt à ſon trac.
Plus ruſé eſtoit qu'ung vieillart,
Et affamé comme ung vieil loup,
Avec monſigneur de Peneſſac,
Et le ſeigneur de la Meſou.
    LES troys ſeigneurs s'en retournerent,
Car ilz eſtoyent tous d'ung quartier:
Et dieu ſçait s'ilz ſe ſaluerent,
Ainſi qu'il en eſtoit meſtier.
Toutesfoys ce bon eſcuyer
De Cambraye, propos final,
Fut eſleu leur grant conſeillier,
Et le governant principal.

ILZ

Ilz conclurent, pour le meilleur,
Que ce bon notable seigneur
Yroit veoir s'il pourroit trouver
Quelque bon lieu pour soy loger ;
Et selon qu'il trouveroit,
Aux aultres le racompteroit.
  Or advint environ midy,
Qu'ilz estoient de faim estourdis,
S'en vint à une hostellerie,
En la rüe de la mortellerie,
Ou pend l'enseigne du Pestel,
A bon logis & bon hostel,
Demandant s'on a que repaistre ?
Ouy vrayment, ce dist le maistre :
Ne soyez de rien en soucy,
Car vous serez tresbien servy,
De pain, de vin, & de viande.
  Pas grant chose je ne demande
Dist le bon seigneur de Cambraye.
Il n'y a guere que j'avoye
Desjuné ; mais toutesfoys
Si ay-je disné maintesfoys,
Que n'avoye pas tel appetit.
  Ce seigneur mengea ung petit,
Car il n'avoit guere d'argent :
Commendant, qu'il fust diligent,
D'avoir quelque chose de bon,
Pour son soupper ung gras chapon,
Car il pensoit bien que le soir
Il devoit avec luy soupper
Des gentilz hommes de la court.
  L'Hostesse fut bien à son court,
Car quant vint à compter l'escot,
Le seigneur ne dist oncques mot,
Mais tout ce qu'elle demanda
Ce gentil homme luy bailla ;

Disant,

Difant, Vous compterez par raifon.
Boutant fon fac foubz fon effelle,
Et vint racompter la nouvelle
A fes compaignons, & comment
Il failloit faire faigement.

Il fut dit à peu de parolles,
Pour eviter grans monopolles,
Que le feigneur de Peneffac
Yroit devant louër l'eftat,
Et blafonner la fuffifance
De ce feigneur; car, fans doubtance,
La chofe le valoit tres bien.
Et pour trouver meilleur moyen,
Il menroit en fa compaignie,
En la maifon la feigneurie.

Si vint demander à l'hofteffe,
Se ung feigneur plain de nobleffe
Eftoit logé en la maifon?
L'hofteffe refpondit que non,
Et que vrayement il n'y avoit
Q'ung lymoufin, lequel debvoit
Venir au foir fouper leans.

Ha! dift-il, dame de ceans,
C'eft celuy que nous demandons.
Par ma foy, c'eft le grant Baron,
Qui eft arrivé au matin.
Je n'entens point voftre latin,
Dift l'hofteffe. Vous parlez mal:
Il n'a jument ne cheval;
Il va à pied, par faulte d'afne.

Lors Peneffac dit à la dame:
Il vient icy pour ung proces;
Il eft appellant des exces,
Qu'on luy a faictz en Lymoufin,
Et va ainfi de pied, affin
Que fon proces foit pluftoft faict.

L'hofteffe

L'hostesse le creut en effaict.

ALORS le seigneur de Cambraye
Arrive, & dieu sçait quel' joye
Ces deux seigneurs icy luy firent,
Et le genoil embas tendirent,
Aussi tost comme il fut venu.
Et par ce point il fut congneu,
Qu'il estoit seigneur honnorable.

LE bon seigneur si vint à table,
En tenant bone gravité.
Vis - à - vis, de l'autre costé,
S'assist le seigneur de l'hostel,
Et eurent du vin, Dieu sçait quel,
Il ne failloit point demander.

QUANT ce vint à l'escot compter,
L'hostesse assez hault comptoit,
Mais au seigneur n'en challoit,
Faignant qu'il fust tout plain d'argent.

LORS il dist, qu'on fust diligent
De penser faire les litz,
Car il vouloit en ce logis
Coucher. Puis apres par expres
Il print son sac à ses proces,
Et le bailla leans en garde,
Disant qu'on le contregarde.
Si de l'argent voulez avoir,
Il ne fault que le demander.
L'hostesse ne fut pas ingrate,
En disant, Je n'en ay pas haste:
N'espargnez rien qui soit ceans.

CES seigneurs coucherent leans
L'espace de cinq ou six moys,
Sans payer argent toutesfoys,
Non obstant ce qu'il demandoit
A son hostesse s'elle vouloit
Avoir de l'argent bien souvent;

Mais

Mais il n'eſtoit point bien content
De mettre ſouvant main en bourçe,
L'hoſteſſe n'eſtoit point rebource,
Et diſt, Ne vous en ſoucyez :
Dieu merci, j'ay argent aſſez
A voſtre commandement.

CES mignons penſerent comment
Ilz pourroyent retirer leur ſac.
Et lors monſeigneur de Peneſſac
Diſt à ce baron de Cambraye,
Qu'il ſe boutaſt bien toſt en voye,
Faignant qu'il eſt embeſongné.

CE ſeigneur vint tout refrongné
Vers l'hoſteſſe par bon moyen,
Et luy dit, Mon cas va tres bien,
Mon proces eſt ce jourd'huy jugé,
A coup qu'il n'y ait plus ſongé.
Baillez moy mon ſac, ſomme toute ;
Car j'ay peur, & fays grant doubte,
Que les ſeigneurs ſoyent departis.

IL print ſon ſac : Adieu vous dis,
Je reviendray tout maintenant.
Il s'en alla diligemment,
A tout ſes proces & ſon ſac.
Et le ſeigneur de Peneſſac,
Et de la maiſon (a), l'attendoyent :
Leſquelz ſeigneurs ſi s'esbatoyent
A recueillir les torcheculz
Des ſeigneurs qui eſtoyent venus
Aux chambres, & bien ſe penſoyent
Que à quelque choſe ſervoyent.

ILZ oſterent tous ces proces
De ce ſac, & par motz exprés
L'emplirent de ces torcheculz.

Puis

(a) De la Meſou, comme ci-deſſus.

Puis au foir, quant furent venuz
A leur logis, fut mis en garde,
Et pour mieulx mettre en fauvegarde,
Il fut bouté, par grant humbleffe,
Avec les robbes de l'hofteffe,
Qui fentoyent le muglias.

A u foir firent grant ralias.
Le lendemaïn, & fut raifon,
De partir il fut faifon,
Pour s'en aller fans revenir.
On cuydoit qu'ilz deuffent venir
Lendemain foupper & difner,
Pour leurs offices refiner;
Mais ilz ne vindrent onques puis.

I l z faillirent cinq ou fix nuitz,
Dont l'hofteffe fut efchet & mac;
Car elle n'ofoit ouvrir le fac,
Sans avoir le congé du juge,
Auquel avoit piteux deluge.
Tellement qu'il eftoit neceffaire,
Qu'on envoyaft ung commiffaire,
Pour ouvrir ce fac fomme toute.

Q u a n t il eft venu fans doubte,
Il lava fes mains à bonne heure,
De peur de gafter l'efcripture,
Car à cela eftoit expert.
Toutesfoys, ce fac fut ouvert;
Mais, quant il le vit fi breneux,
Il s'en alla tout roupieux,
Cuydant que ce fuft mocquerie;
Car il entendoit raillerie.

A i n s i partirent ces feigneurs
De Paris, joyeulx en couraige.
De tromper furent inventeurs.
Cinq moys vefquirent d'aventaige:
De blafonner ilz firent raige.

Leur hoste fut par eulx vaincu :
Ilz ne laifferent, pour tout gaige,
Qu'ung fac tout plain de torchecu.

LA REPUE FRANCHE DU SOUFFRETEUX.

OU prins argent qui n'en a point ?
Remede vivre daventaige ;
Qui n'a robbe ne pourpoint,
Que pourroit il laiffer pour gaige ?
Toutesfoys, qui auroit l'ufaige
De dire quelque chanfonnette,
Qui peuft deffrayer le paffaige,
Le payement ne feroit que honnefte.

L'ACTEUR.

AINSI parloit ce Souffreteux,
Qui eftoit fin de fa nature,
Moytié trifte, moytié joyeulx.
Du palays partit bonne alleure,
En difant : Qui ne s'adventure,
Il ne fera jamais beau fait,
Pour pourchaffer fa nourriture ;
Car il eftoit de faim deffaict.
Pour trouver quelque tromperie,
Le gallant fe voulut hafter.
En la meilleure hoftellerie,
Ou taverne, s'alla bouter,
Et commença à demander,
S'on avoit rien pour luy de bon ;
Car il vouloit leans difner,

Et

Et faire chere de façon.
　Lors on demanda quelle viande,
Il failloit à ce pelerin?
Il respondit, Je ne demande
Q'une perdrix ou poussin,
Avec une pinte de vin
De Beaulne, qui soit frais tirée.
Et puis apres, pour faire fin,
Le cotteret & la bourrée.
　Tout ce qui luy fut nécessaire
Le varlet luy alla querir.
Le gallant s'en va mettre à table,
Affin de mieulx se resjouyr,
Et disna là tout à loisir,
Mascant le sens, trenchant du saige;
Mais il falut, ains que partir,
Avoir ung morceau de fromaige.
　Adonc, dist le clerc, Mon amy
Il fault compter, car vous avez,
Tout par tout sept soubz & demy,
Et convient que les me payez.

LE GALLANT.

JE ne sçay, comment les aurez,
　Dist le gallant. Par Sainct Gille,
Je veulx bien que vous le saichez,
Je ne souftiens ne croix ne pille.

LE CLERC.

QUI n'a argent si laisse gaige,
　N'est-ce pas le faict droicturier?
Voulez vous vivre davantaige,
Et n'avez maille ne denier?
Estes vous larron ne meurtrier?

Par

Par Dieu, ains que d'icy je hobe,
Vous me payerez pour abreger,
Ou vous y laiſſerez la robbe.

LE GALLANT.

QUANT eſt d'argent je n'en ay point,
Affin de le dire tout hault.
Comment! m'en iray-je en pourpoint,
Deſnué comme ung marault?
Dieu mercy, je n'ay pas trop chault.
Mais, s'il vous plaiſoit m'employer,
Je vous ſerviray ſans deffault,
Juſques à mon eſcot payer.

LE CLERC.

ET comment? Que ſçavez vous faire?
Dictes le moy tout plainement.

LE GALLANT.

QUOI? Toute choſe neceſſaire.
Point ne fault demander comment.
Je gaige, que tout maintenant,
Que je chanteray ung couplet,
Si hault & ſi cler je me vant,
Que vous direz, Cela me plaiſt.

L'ACTEUR.

LORS le varlet, voyant ceci,
Fut content de ceſte gaigeure,
Et penſa à luy meſmes ainſi,
Qu'il attendroit ceſte adventure;
Il luy diroit, pour tous debats,

Qu'il

Qu'il payaſt l'eſcot bon alleure,
Car ſon chant ne luy plaiſoit pas.
L'accord fut dit, l'accord fut faiƈt,
Devant tous, non pas en derriere.
    L o ʀ s le gallant tire de faiƈt,
De dedans ſa gibeciere,
Une bource d'argent legiere,
Qui eſtoit pleine de Mereaulx;
Et chanta par bonne maniere
Haultement ces mots tous nouveaulx:
De ſa bourſe deſſus la table
Frappa, affin que je le notte,
Et comme choſe convenable,
Chanta ainſi à haulte notte,
    Il fault payer ſon hoſte.
Tout au long chanta ce couplet.
    L ᴇ varlet, eſtant coſte à coſte,
Reſpondit, Cela bien me plaiſt.
Toutesfoys, il n'entendoit pas,
Qu'il ne fuſt de l'eſcot payé:
Parquoy il failloit ſur ce pas;
De ſon ſens fut moult deſvoyé.
Devant tous fut notiffié,
Qu'il eſtoit gentil compaignon,
Et qu'il avoit, par ſon traiƈté,
Bien diſné pour une chanſon.
    C'ᴇ s ᴛ bien diſné, quant on rechappe,
Sans desbourcer pas ung denier,
Et dire adieu au tavernier,
En torchant ſon nez à la nappe.

LA REPUE DU PELLETIER.

UNG jour advint qu'ung Pelletier
Espousa une belle femme,
Qui appetoit le bas meftier,
En faifant recorder la game.
Le Pelletier, fans penfer blafme,
Ne s'en fouffioit qu'ung petit :
Mieulx aymoit du vin une dragme,
Que coucher dedans ung beau lict.

UNG Curé, voyant ceft affaire,
De la femme fut amoureulx,
Et penfa qu'a fon presbytaire
Il maineroit ce maiftre gueulx.
Il s'en vint à luy tout joyeulx,
A celle fin de le tromper,
En difant : Mon voyfin, je veulx
Vous donner annuyt à foupper.

LE Pelletier en fut contant,
Car il ne vouloyt que repaiftre,
Et alla tout incontinent
Faire grant chere avec le preftre,
Qui luy joua d'ung tour de maiftre,
Difant, Ma robbe eft deffourrée ;
Il vous convient la main mettre
Affin qu'elle foit reffourrée.

ET bien, ce dift le Pelletier,
Monfeigneur j'en fuis content,
Mais que m'en vueillez payer ;
Je fuis tout voftre feurement.
Il firent leur appoinctement,
Qu'il auroit pour tout inventoire,

Dix

Dix folz tournois entierement,
Et du vin largement pour boire.
   P a r ainfi qu'il la defpecheroit,
Car il eftoit neceffaire ;
Et que toute nuyt veilleroyt,
Avec fon clerc au presbitaire.
Il fut content de cefte affaire.
Mais, le Curé les anferma
Soubz la clef, fans grant noyfe faire ;
Puis hors de la maifon alla.
   L e Curé vint en la maifon
Du Pelletier, par fes fornettes,
Et trouva fi bonne achoyfon,
Qu'il fift tres bien ces befongnettes.
   I l z firent cent mille chofettes.
Car ainfi, comme il me femble,
Ce fourreur pour la Repuë franche,
Fut faict coqu bien fermement.
Et luy chargea la dame Blanche,
Qu'il y retournaft hardiment ;
Et que, par fon fainct facrement,
Jamais nul jour ne l'oublira,
Mais luy fera hebergement,
Toutes les foys qu'il luy plaira.
   E t, pourtant, fe donne foy garde
Chafcun qui aura belle femme,
Qu'on ne luy jouë telle aubade,
Pour la Repuë. C'eft grant diffame.
Quant il eft fçeu, ce n'eft que blafme,
Et reproche au temps advenir.
Vela de la Repuë grant gaigne :
Pourtant, ayez en fouvenir.

LA REPUE FRANCHE DES GALLANS SANS SOULCY.

UNE affemblée de compaignons,
Nommez les Gallans fans Soucy,
Se trouverent entre deux pontz
Près le Palays, il eft ainfi.
D'aultres y en avoit auffi,
Qui aymoyent bien befoigne faicte,
Et eftoient franc cueur aranfi,
Et l'abbé de faincte fouffrette.

CES compaignons ainfi affemblez
Ne demanderent que repas;
D'argent ilz n'eftoyent pas comblez,
Non pourtant ilz ne donnoyent pas.
Ilz fe bouterent tous à tas,
A l'enfeigne du plat d'eftaing,
Ou ilz repurent par compas,
Car ilz en avoyent grant befoing.

QUANT ce vint à l'efcot compter,
Je croy que nully ne ce cource;
Mais le beau jeu eft au païer,
Quant il n'y a denier en bource:
Nul d'eulx n'avoit chere rebourfe.
Pour de l'efcot venir au bout,
Dift ung gallant, de plaine fource,
Il n'en fault q'ung pour payer tout.

ILZ appointerent tous enfemble,
Que l'ung d'iceulx on banderoit.
Par ainfi, felon que me femble,
Le premier qu'il empoigneroit,
Eftoit dit que l'efcot payeroit.

Mais

Mais en iceulx eut grant difcord :
Chafcun bendé eftre vouloit,
Dont ne peurent eftre d'acord.

Le varlet, voyant ces debatz,
Leur dit: Nul de vous ne s'efmoye;
Je fuis content que par compas
Tout maintenant bandé je foye.
Les gallans en eurent grant joye,
Et le banderent en ce lieu :
Puis chafcun d'eux fi print la voye,
Pour s'en aller fans dire adieu.

Le varlet, qui eftoit bandé,
Tournoit parmy la maifon.
Il fut de l'efcot prebendé
Par cefte fubtile chayfion.
Affin d'avoir provifion
De l'efcot, l'hofte monte en hault.
Quant il vit cefte invention,
A peu que le cueur ne luy fault.

En montant l'hofte fut happé,
Par fon varlet fans dire mot :
Difant, Je vous ay attrapé ;
Il fault que vous payez l'efcot,
Ou vous laifferez le furcot.
Dequoy il ne fut pas joyeulx,
Cuydant qu'il fuft mathelineux.

Quant le varlet fe desbenda,
Et la tromperie peult bien congnoiftre,
Fut eftonné quant regarda,
Et vit bien que c'eftoit fon maiftre.
Penfés qu'il en eut belle lettre;
Car il parla lors à bas ton :
Et, pour fa peine, fans rien mettre,
Il eut quatre coups de bafton.

Ainfi furent, fans rien payer,
Les povres gallans delivrez

De

De la maiſon du tavernier,
Où ilz s'eſtoyent preſque enyvrez
De vin qu'on leur avoit livrez,
Pour boire à plain gobelet,
Que paya le povre varlet.

 ET ce ſoit vray ou certain,
Ainſi que m'ont dit cinq ou ſix,
Le cas advint au plat d'eſtain
Pres Sainct Pierre de Aſſis.
Bien eſcheoit ung grant mercis
A tout le moins pour ce repas,
Et ſi ne payerent pas.

AUSSI fut ſi bien aveuglé
Le povre varlet malheureulx,
Qui fut de tout cela ſanglé,
Et failluſt qu'il payaſt pour eulx.
Et s'en allerent tous joyeulx
Les mignons, torchant leur viſaige,
Qui avoyent diſné daventaige.

LA REPUE FAICTE AUPRES DE MONTFAULCON.

POUR paſſer temps joyeuſement,
  Racompter vueil une Repuë,
Qui fut faicte ſubtillement
Pres Montfaulcon; c'eſt choſe ſçeuë.
Et diray la deſconvenuë,
Qu'il advint de fins ouvriers:
Auſſi y ſera ramentuë
La fineſſe de ces eſcolliers.

QUANT compaignons ſont desbauchéz,
Ilz ne cerchent que compaignie.

Pluſieurs

Plufieurs ont leurs vins vendangez,
Et beu quafy jufques à la lye.

O r advint que grant mefgnie
De compaignons fe rencontrerent,
Et fans trouver la faifon chere,
Chafcun d'eulx fe resjouyffoit,
Difant bons motz, faifant grant chere:
Par ce point le temps fe paffoit.

M a i s l'ung d'eulx promis avoit
De coucher avec une garce,
Et aux aultres le racomptoit
Par jeu en maniere de farce.

T a n t parlerent du bas meftier,
Qui fut conclud par leur façon,
Qu'ilz yroyent ce foir la coucher
Pres le gibet de Montfaulcon,
Et auroyent pour provifion
Ung patté de façon fubftille,
Et meneroyent en conclufion
Avec eulx chafcun une fille.

C e patté, je vous refpons,
Fut faict fans demander qu'il cofte,
Car il y avoit fix chapons,
Sans la chair que point je ne boute.
On y euft bien tourné le coute,
Tant eftoit grant, n'en doubtez.
Le prince des fotz, & fa routte,
En euffent efté bien fouppez.

D e u x efcolliers, voyant le cas,
Qui ne fçavoyent rien de tromper,
Sans prendre confeil d'advocatz,
Ilz fe voullurent occuper,
Penfant à eulx comme atrapper
Les pourroyent d'eftoc ou de henche,
Car ilz voulloyent ce foir foupper,
Et avoir une Repuë franche.

S a n s

Sans aller parler au devin,
L'ung prift ce pafté de façon,
L'autre emporta ung broc de vin,
Du pain affez felon raifon,
Et allerent vers Montfaulcon,
Ou eftoit toute l'affemblée :
Filles y avoit à foyfon,
Faifant chere defmefurée.

Aussi jufte comme l'orloge,
Par devis & par bonne maniere,
Ilz entrerent dedans leur loge,
Efperant de faire grant chiere,
Et tafterent devant & derriere
Les povres filles hault & bas.

Les efcolliers, fans nulle fable,
Voyant cefte defconvenuë,
Veftirent habitz de diable
Et vindrent là fans attenduë.
L'ung un croc, l'aultre une maffuë,
Pour avoir la franche Repuë,
Vindrent affaillir les gallans,
Difant, à mort, à mort, à mort!

Prenez, à ces chefnes de fer,
Ribaulx, putains, par defconfort,
Et les amenez en enfer.
Ilz feront avec Lucifer,
Au plus parfond de la chauldiere;
Et puis, pour mieulx les efchauffer,
Gettez feront en la riviere.

L'ung des gallans, pour abbreger,
Refpondit, Ma vie eft finée:
En enfer me fault hebergier;
Vecy ma derniere journée.
Or fuis bien ame dampnée:
Noftre peché nous a attains;
Car nous yrons, fans demourer,
En enfer avec ces putains.

Se vous les eufiiez veu fouïr,
Jamais ne viftes fi beau jeu,
L'ung à mont, l'autre à val, courir:
Chafcun d'eulx ne penfoit qu'a Dieu.
Ilz s'en fouïrent de ce lieu,
Et laifferent pain, vin, viande,
Criant Sainct Jehan & Sainct Mathieu,
A qui ilz feroyent leur offrande.

Noz efcolliers, voyant cecy,
Non obftant leur habit de diable,
Furent alors hors de foulcy,
Et s'affirent treftous à table:
Et Dieu fçait fi firent la galle
Entour le vin & le pafté,
Et repeurent pour fin finalle
De ce qui eftoit apprefté.

C'est bien trop qui rien ne paye,
Et qui peut vivre d'adventaige,
Sans desbourcer or ne monnoye.
En ufant de joyeulx langaige,
Les efcolliers, de bon couraige,
Pafferent temps joyeufement,
Sans payer argent ne gaige,
Et fi repeurent franchement.

Se vous voullez fuyvre l'efcolle
De ceulx qui vivent franchement,
Lifez en ceftuy prothecolle,
Et voyez la façon comment.
Mettez y voftre entendement
A faire comme ilz faifoyent;
Et s'il n'y a empefchement,
Vous vivrez comme ilz vivoyent.

FIN DES
REPUES FRANCHES
de Maiftre
Françoys Villon.

C 4 S'EN-

S'ENSUIT

LE

MONOLOGUE

DU

FRANC-ARCHIER

DE

BAIGNOLLET,

AVEC SON EPITAPHE.

'EST à meshuy, j'ai beau corner,
Or ça il s'en fault retourner,
Maulgré ses dentz, en sa maison.
Si ne vis-je pieça saison,
Ou j'eusse si hardy couraige
Que j'ay. Par la mor bieu j'enraige,
Que je n'ay à qui me combattre.
Y-a-il homme qui à quatre,
Dy-je, y-a-il quatre qui veullent
Combatre à moy ? Se toft recueillent
Mon gantelet : vela pour gaige.
Par le sang bieu, je ne crains paige,
S'il n'a point plus de quatorze ans.

J'ay

J'ay autresfoys tenu les rencz,
Dieu mercy, & gaigné le pris,
Contre cinq Angloys que je pris,
Povres prifonniers defnuez.
Si toſt que je les eu ruez,
Ce fut au fiege d'Alençon,
Les troys fe mirent à rançon,
Et le quatriefme s'enfuit.
Incontinent que l'autre ouyt
Ce bruit, il me print à la gorge.
Se je n'euffe crié Sainct George,
Combien que je fuis bon Françoys,
Sang bieu, il m'euſt tué ançoys
Que perſonne m'euſt fecouru.
Et quant je my fenty feru
D'une bouteille qu'il caffa
Sur ma teſte, Venez va ça,
Dis-je lors, que chaſcun s'appaife :
Je ne quiers point faire de noife ;
Ventre bieu, & beuvons enfemble.
Pofé foit ores que je tremble,
Sang bieu, je ne vous crains pas maille.

Cy dit ung quidem, par derriere les Gens,
COQUERICOQ.

Q'UESSE cy ? J'ay ouï poullaille
Chanter chez quelque bonne vielle.
Il convient que je la refveille :
Poullaille font icy leurs nidz.
Ceſt du demourant d'Ancenys,
Par ma foy, ou de Champ tourfé.
Helas ! que je me vis courfé
De la mort d'ung de mes nepveux.
J'euz d'ung canon par les cheveux,

Qui me vint cheoir tout droit en barbe :
Mais je m'efcriay, Saincte Barbe,
Vueille moy ayder à ce coup,
Et je t'ayderay l'autre coup.
Adonc le canon m'esbranfla,
Et vint cefte fortune là,
Quant nous eufmes le fort conquis.
Le Baronnat & le Marquis,
Cran curfo l'Aigle & Breffoyere,
Acoururent pour veoir l'hiftoire,
La Rochefouquault l'Amiral,
Auffi Benil fon atirail,
Pontievre, tous les capitaines
Y defchaufferent leurs mitaines
De fer, de peur de m'affoler,
Et fi me vindrent acoler
A terre ou j'eftoye meshaigné.
De peur de dire il n'a daigné,
Combien que je fuffe malade,
Je mis la main à la falade,
Car elle m'eftouffoit le vifaige,
Ha! dift le Marquis, ton outraige
Te fera une foys mourir ;
Car il m'avoit bien veu courir
Oultre l'oft devant le chafteau.
Helas! g'y perdy mon manteau,
Car je cuidoye d'une poterne,
Que ce fuft l'huys d'une taverne,
Et moy tantoft de pietonner.
Car quant on oyt clarons fonner,
Il n'eft couraige qui ne croiffe,
Tout auffi toft, ou effe? ou effe?
Et a brief parler je m'y fourre,
Ne plus ne moins qu'en une bourre.
Si ce n'euft efté la brairie
Du cofté devers la prairie,

Qui

Qui difoit, Pierre que faictes vous ?
De nos gens qui crioient treftous,
N'affaillez pas la baffe court,
Tout feul je l'euffe prins tout court
Certes, mais s'euft efté outraige :
Et ce n'euft efté ung paige,
Qui nous vint trencher le chemin
Mon frere d'armes Guillemin
Et moy, Dieu luy pardoint pourtant,
Car quoy ! il nous en pend autant
A l'œil, nous euffions fans nulle faille,
Frappé au travers la bataille
Des Bretons, mais nous apaifames
Noz couraiges & recullames.
Que dy-je ? non pas reculer,
Chofe dont on doybve parler.
Ung rien jufque au lyon d'Angiers,
Je ne craignoye que les dangiers
Moy, je n'avoye peur d'aultre chofe :
Et quant la bataille fut clofe
D'artillerie groffe & grefle,
Vous euffez ouy pefle, mefle,
Tip, tap, fip, fap, à la barriere,
Aux efles, devant & derriere.
J'en eu d'ung parmy la cuirace.
Les dames, qui eftoyent en la place,
Si ne craignoyent que le coullart.
Certes j'eftoye bien paillart :
J'en avoye ung fi portatif,
Se je n'euffe efté fi haftif
De mettre le feu en la pouldre,
J'euffe deftruit & mis en fouldre
Toute quanque avoit de damoifelles.
Il porte deux pierres jumelles
Mon coullart, jamais n'en a moins.
Et dames de joindre les mains,

Quant

Quant ilz virent donner l'affault.
Les ungs fi fervoyent du courtault
Si dru, fi net, fi fec que terre,
Et puis quoy ? Parmy ce tonnerre
Vous euffiez ouy fonner trompilles,
Pour faire dancer jeunes filles,
Au fon du courtault haultement.
Quant g'y penfe, par mon ferment,
C'eft vaine guerre qu'avec femmes,
J'avoye tousjours pitié des dames,
Veu qu'ung courtault trefperce ung mur.
Ilz auroyent le ventre bien dur,
S'il ne paffoit oultre; penfez
Qu'on leur euft faict du mal affez,
Se l'en n'euft eu noble couraige.
Mefmes ces pehons de villaige,
J'entens pehons de plat pays,
Ne fe fuffent point eshabis
De leur mal faire, mais nous fommes
Tousjours entre nous gentilz hommes
Au guet deffus la villenaille.
J'etoye pardeça la bataille,
Tousjours la lance, ou boutaille
Sur la cuiffe : c'eftoit merveille,
Merveille de me regarder.
Il vint ung Breton eftrader
Qui faifoit rage d'une lance :
Mais il avoit de jeune enfance
Les rains rompus; c'eftoit dommaige.
Il vint tout feul par fon oultrage
Eftrader par mont & par val,
Pour bien pourbondir ung cheval,
Il faifoit feu, voire & flambe :
Mais je luy tranchy une jambe
D'ung revers jufques à la hanche;
Et fis ce coup là au Dimenche.

Que

Que dy-je ? Ung lundy matin :
Il ne fervoit que de fatin,
Tant craignoit à grever fes reyns.
Voulentiers frappoit aux chamfrains
D'ung cheval, quant venoit en joufte,
Ou droit à la queue fans doubte.
Point il ne frappoit fon rouffin,
Pource qu'il avoit le farcin,
Que d'ung bafton court & noailleux,
Deffus fa tefte & cheveulx,
De peur de le faire clocher.
Auffi, de peur de tresbucher,
Il alloit fon beau pas , tric, trac :
Et ung grant panon de biffac
Voulentiers portoit fur fa tefte.
D'ung tel homme fault faire fefte,
Autant que d'ung million d'or.
Gens d'armes, c'eft ung grant trefor,
S'il vault riens il ne fault pas dire.
J'ay fait raige avec la Hire.
Je l'ay fervy treftout mon aage :
Je fus gros vallet, & puis page,
Archier, & puis je pris la lance,
Et là vous portoye fur la penfe,
Tousjours trouffé comme une coche.
Et puis monfeigneur de la Roche,
Qui Dieu pardoint, me print pour paige.
J'eftoye gent & beau de vifaige :
Je chantoye & brouilloye des fluftes,
Et fi tiroye entre deux butes.
A brief parler, j'eftoye ainfi
Mignon comme ceft enfant cy :
Je n'avoye gramment plus d'aage.
Or ça, ça, par ou affauldray-je
Ce coc que j'ay ouy chanter ?

A

A petit parler, bien vanter,
Il fault affaillir cest hostel.

*Adonc apperçoit le Franc-Archier ung
Efpoventail de Cheneviere, faict en façon d'ung Gendarme, Croix blanche
devant, & Croix noire derriere, en
fa Main tenant une Arbalefte.*

HA ! le facrement de l'autel!
   Je fuis affoibli, qu'effe c'y ?
Ha ! monfeigneur, pour Dieu! mercy.
Hault le trait, qu'aye la vie franche.
Je voy bien, à voftre croix blanche,
Que nous fommes tout d'ung party.
Dont tous les diables eft il forty
Tout feulet ainfi effroyé ?
Comment eftes vous defvoyé ?
Mettez jus, je gage l'amende :
Et, pour Dieu, mon amy, desbende,
Au hault, ou au loing, ton bafton.

Adonc il advife fa Croix noire.

Par le fang bieu, c'eft ung Breton,
Et je dy que je fuis Françoys,
Il eft fait de toy cefte foys,
C'eft, Pernet, du party contraire.
Hen Dieu! & ou voulez vous traire?
Vous ne fçavez pas que vous faictes.
Dea je fuis Breton, fi vous l'eftes.
Vive Sainct Denis, ou Sainct Yve!
Ne m'en chault qui, mais que je vive.
Par ma foy, monfeigneur mon maiftre,
Se vous voulez fçavoir mon eftre,

Ma

Ma mere fut née d'Anjou,
Et mon pere je ne fçay d'ou,
Sinon que j'ouy reveller,
Qu'il fut natif de Mompelier.
Comment fçauray-je voftre nom?
Monfeigneur Rollant, ou Yvon,
Mort feray, quant il vous plaira.
Et comment! il ne ceffera
Meshuy de me perfecuter,
Et fi ne me veult efcouter.
En l'honneur de la paffion
De Dieu, que j'aye confeffion;
Car je me fens ja fort malade.
Or, tenez, vela ma falade,
Qui n'eft froiffée ne couppée:
Je la vous rens, & mon efpée,
Et faictes prier Dieu pour moy.
Je vous laiffe fur voftre foy
Ung vœu que je doibs à Sainct Jacques.
Pour le faire, prendrez mon jacques,
Ma ceinture, & mon cornet.
Tu meurs bien maulgré toy, Pernet,
Voire maulgré toy & à force,
Puis qu'endurer fault, ceffe force.
Priez pour l'ame, s'il vous plaift,
Du Franc-Archier de Baignolet,
Et m'efcripvez à ung paraphe
Sur moy ce petit Epithape.

EPITAPHE
DU
FRANC-ARCHIER.

Cy gift Pernet, Franc-Archier,
Qui cy mourut fans defmarcher,
Car de fuir n'eut onc efpace:

Lequel

Lequel Dieu, par fa faincte grace,
Mette es cieulx avecques les ames
Des Francs-Archiers, & des Gens-d'Armes,
Arriere des Arbaleftriers.
Je les hay tous; ce font meurdriers:
Je les conqnois bien de pieça.
Et mourut l'an qu'il trefpaffa.

VELA tout: les motz font tres beaux.
Or vous me lairrez mes hofeaulx;
Car fe j'alloye en paradis
A cheval, comme fift jadis
Sainct Martin, & auffi Sainct George,
J'en feroye bien plus preft. Or je
Vous laiffe gantelet & dague,
Car, au furplus, je n'ay plus bague,
Dequoy je me puiffe deffendre.
Attendez, me voulez vous prendre
En defaroy? Je me confeffe
A Dieu, tendis qu'il n'y a preffe,
A la Vierge, & à tous les Sainctz.
Or meurs-je les membres tous fains,
Et tout en bon point, ce me femble.
Je n'ay mal, fi-non que je tramble,
De peur, & de malle froidure.
Et de mes cinq fens de nature.
Cinq cens, ou prins qui ne les emble.
Je n'en veiz onques cinq cens enfemble,
Par ma foy, n'en or, n'en monnoye.
Pour neant m'en confefferoye,
Oncques enfemble n'en veiz deux.
Et de mes fept pechez mortelz,
Il fault bien que m'en fupportez:
Sur moy je les ay trop portez.
Je les metz jus avec mon jacques.
J'euffe attendu jufques à pafques,

Mais

Mais vecy ung avancement,
Et du premier Commendement
De la Loy, qui dit qu'on doibt croire,
Non pas l'eſtoc quant on va boire,
Cela s'entend en ung ſeul Dieu.
Jamais ne me trouvay en lieu
Ou j'y creuſſe mieulx qu'a ceſte heure ;
Mais qu'a ce beſoing me ſecueure.
Ne desbendez, je ne me fuys :
Helas ! je ſuis mort où je ſuis.
Je ſuis auſſi ſimple, auſſi coy,
Comme une pucelle, car quoy ?
Dit le ſecond Commendement,
Qu'on ne jure Dieu vainement.
Non ay-je, en vain, mais très ferme,
Ainſi que fait ung bon gendarme ;
Car il n'eſt rien craint, s'il ne jure.
Le tiers nous enjoingt & procure,
Et advertiſt & admonneſte,
Que on doit bien garder la feſte,
Tant en hyver que en eſté.
J'ay tousjours faiĉt voulentiers feſte ;
De ce ne mentiray-je point.
Et le quatrieſme nous enjoingt,
Qu'on doit honnorer pere & mere.
J'ay tousjours honnoré mon pere,
En moy congnoiſſant gentilhomme
De ſon coſté, combien qu'en ſomme
Sois villain, & de villenaille.
Et pour Dieu, mon amy, que j'aille
Juſques Amen. Miſericorde !
Relevez un peu voſtre corde :
Ferez que le traiĉt ne me bleſſe.
Item, morbieu, je me confeſſe
Du cinquieſme, ſequentement.
Deffend-il pas expreſſement,

Que nul si ne soit point meurtrier ?
Las ! Monseigneur l'Arbalestrier,
Gardez bien ce Commendement.
Quant à moy, par mon sacrement,
Meurdre ne fis onc qu'en poullaille.
L'aultre Commendement nous baille,
Qu'on n'emble rien.   Ce ne fis oncque ;
Car en lieu n'en place quelquoncque
Je n'euz loysir de rien embler :
J'ay assez à qui ressembler.
En ce point je n'ay point meffait ;
Car se l'en m'eust pris sur le fait,
Dieu sçet comme il me fust mescheu.

Cy laisse tomber à terre l'Espoventail
celluy qui le tient.

LAS ! Monseigneur, vous estes cheu !
Jesus ! & qui vous a bouté ?
Dictes : ce n'ay-je pas esté,
Vrayement, ou Diable ne m'emporte.
Au cas, dictes, je m'en raporte,
A tous ceulz qui sont cy, beau Sire,
Affin que ne vueillez pas dire,
Que se demain ou pour demain.
Au fort, baillez moy vostre main ;
Je vous ayderay à lever.
Mais, ne me vueillez pas grever :
J'ay pitié de vostre fortune.

Cy apperçoyt le Franc-Archier, de l'Espo-
ventail que ce n'est pas ung Homme.

PAR le corps bieu, j'en ay pour une !
Il n'a pié ne main, il ne hobe.
Par le corps bieu ! c'est une robe
Plaine, de quoy ? char bieu de paille.
Qu'esse-cy ? Mort bieu, on se raille,
Ce cuiday-je, des gens de guerre !
Que la fievre quartaine serre
Celluy qui vous a mis icy.
Je le feray le plus marry,
Par la vertu bieu, qu'il fut oncques.
Se mocque-on de moy quelconques ?
Et ce n'est, j'advoue Sainct Pierre,
Qu'un Espoventail de cheneviere,
Que le vent a cy abatu.
La mort bieu ! vous serez batu,
Tout au travers, de ceste espée.
Quant la robbe seroit couppée,
Ce seroit ung tres grant dommaige.
Je vous emporteray pour gaige.
Toutesfoys, apres tout hutin,
Au fort ce sera mon butin,
Que je rapporte de la guerre.
On s'est bien raillé de toy, Pierre.
La char bieu saincte & beniste !
Vous eussiez eu l'assault bien viste,
Se j'eusse sçeu vostre prouesse.
Vous eussiez tost eu la renverse,
Voire quelque paour que j'en eusse.
Or pleust à Jesus que je fusse
Atout cecy en ma maison !
Qu'il poise ! a mengié à foison

De paille. Elle chiet par derriere.
C'eſt paine pour la chamberiere
De la porter hors de ce lieu.
Seigneurs, je vous commend à Dieu :
Et ſe l'on vous vient demander,
Qu'eſt devenu le Franc-Archier,
Diƈtes qu'il n'eſt pas mort encor
Et qu'il emporte dague & cor,
Et reviendra par cy de brief.
Adieu, je m'en vois au relief.

FIN DU

MONOLOGUE

DU

FRANC-ARCHIER DE BAIGNOLLET.

DIALOGUE

De Messieurs de Mallepaye & de Baillevant.

B. Monsieur de Baillevant. M. Quoy ?
B. De neuf. M. On nous tient en aboy.
Comme despourveux malureux.
B. Si j'avoye autant que je doy,
Sang bieu je seroye chez le Roy,
Un page apres moy, voyre deux.
M. Nous sommes francs. B. Adventureux.
M. Riches. B. Bien aisés. M. Plantureux.
B. Voire de souhais. M. C'est assez.
B. Gentilz hommes. M. Hardis. B. Et preux.
M. Par l'huys. B. Du joly souffreteux.
M. Heritiers. B. De gaiges cassez.
M. Nous sommes puis troys ans passez.
Si mainces. B. Si mal compassez.
M. Si simples. B. Ligiers comme vent.
M. Si esbaudiz.
B. Si mal tapiz.
M. De donner pour Dieu dispensez,
Car nous jeusnons assez souvent.
B. Hée, Monsieur de Mallepaye,
Qui peult trouver soubz quelque amant
Deux ou troys mille escus : quelle proye !
M. Nous ferions bruyt. B. Toutalesment.
M. Le quartier en vault l'arpent.

B. Par-

B. Pardieu, Monſieur de Mallepaye.

M. Je eſcriptz contre ces murs. B. Je rayे,
Puis de charbon, & puis de croye.

M. Je raille. B. Je fays chere a tous,

M. Nous avons beau coucher en raye,
L'oreille au vent, la gueulle baye,
On ne faict point porchatz de nous.

B. Helas! ſerons-nous jamais ſoulx?

M. Il ne fault que deux ou troys coups,
Pour nous remonter. B. Doux.

M. Droictz. B. Drutz.

M. Pour fringuer. B. Pour porter le houx.

M. Gens. B. A dire dont venez vous?
De ſeriez tous recreux.

M. Francs. B. Fins. M. Froictz. B. Fors. M. Grans.
      B. Gros. M. Eſcreux.

B. Et s'ilz n'avions nulz biens acreux.

M. Nous debvons. B. On nous doibt. M. Four-
    raige.

B. Entretenus. M. Comme poux creux.

B. Jurons ſang bieu, nous ſerons creux
Arriere piettons de village.

M. Ne ſuis-je pas beau perſonnaige?

B. J'ay train de ſeigneur. M. Pas de ſaige.

B. Reſſourdant. M. Comme bel alain.

B. Pathelin en main. M. Dire raige.

B. Et par la mort bieu c'eſt dommaige,
Que ne mettons villains en run.

M. Hée cinq cens eſcus. B. C'eſt egrun.

M. Quant j'en ay, j'en offre à chaicun,
Et ſuis bien aiſe quant j'en preſte.

B. Mes rentes ſont ſur le commun,
Mais povres gens n'en ont pas ung,
Je m'y romperoye pour neant la teſte.

M. S'il nous povoyt venir quelque enqueſte,
Quelque mandement ou requeſte,

                     Ou

Ou quelque bonne commiſſion!
B. Mais en quelque banquet honneſte
Faire acroire à ceſt ou à ceſte,
La Pramatique Sanction.
M. Et ſi elle y croit? B. Promiſion.
M. Si elle promect. B. Monicion.
M. Si on l'admoneſte. B. Que on marchande.
M. Si on faict marché. B. Fruiction.
M. Se on fruict. B. La petition,
En forme de belle demande
D'ung beau cent eſcus. M. Quel' viande!
B. Qui l'auroit quant on la demande,
On feroit. M. Quoy! B. Feu. M. St. Jehan
    voire.
B. On tauxeroit bien groſſe admende
Sur le faict de ceſte demande,
Se j'en quictoye le petitoire.
M. Quel bien! B. Quel heur! M. Quel ac-
    ceſſoire!
B. Je me raffroichiz la memoire,
Quant il m'en ſouvient. M. Quel plaiſir!
B. Se on nous bailloit, par inventoire,
Deux mil eſcuz en une armoire,
Ilz n'auroient garde de y moyſir.
M. Qui peult prendre. B. Qui peult choiſir.
M. Gaigner. B. Eſpargner. M. Se ſaiſir.
Nous ferions par tout bien venuz.
B. Ung ſonge. M. Mais quel? B. De plaiſir.
M. Nous prendrons ſi bien loiſir
De compter ne ſçay quantz eſcuz.
B. Nous ſommes bien entretenuz.
M. Aymez. B. Portez. M. Et ſouſtenuz.
B. De nos parens. M. De bonne race.
B. Rentes aſſez & revenuz:
Et ſi apreſent n'en avons nulz,
Ce n'eſt que malheur qui nous chaſſe.

M. Je n'en faix compte. B. Se reimaſſa.
M. Je volle par coups. B. Je tracaſſe,
Puis au poil, puis à la plume.
M. Je gaudis, & ſi je rimaſſe.
Que roulez vous, il tient que ad ce
Que je ne l'ay pas de couſtume.
B. D'honneur aſſez. M. Chaſcun en hume.
B. Je deſtains le feu. M. Je la hume.
B. Je mesbas. M. Je paſſe mon dueil.
B. Le plus ſouvent, quant je me fume,
Je batteroye comme fert d'enclume,
Si je me trouvoye tout ſeul.
M. Je ris. B. Je bave ſur mon ſeuil.
M. Je donne à quelque une ung guin dueil.
B. Je m'esbas à je ne ſçay quoy.
M. J'entretiens. B. Je faiz bel acueil,
M. On me fait ce que je vueil,
Quant nous ſommes mon paige & moy.
B. Je ne demande qu'avoir de quoy
Belle amye, & vivre à requoy,
Faire tousjours bonne entrepriſe,
Belles armes, loyal au Roy.
M. Mais, trois poulx rempans en aboy,
Pour le gibier de la chemiſe.
B. Je porteroye pour deviſe
La marguerite en or aſſiſe,
Et le houlx par tout eſtandu.
M. Voſtre cry, quel? B. Nouvelle guiſe.
M. Riens en recepte, tant en miſe,
Et toute ſomme, Item perdu.
B. Je vous ſeroye au reſidu
Gorgias ſur le hault verd
Le bel eſtomac d'alouette.
M. Robbe. B. De gris blanc gris perdu,
Bien emprunté, & mal rendu,
Payé d'une belle eſtiquette.

M. Puis,

M. Puis, la chaine d'or, la baguette,
Le latz de foye, la cornette,
De velours, ce bel affiquet.
B. Quant nous aurions fait noftre emplete,
La porte feroit bien eftroicte,
Se nous ne paffions jufques au ticquet.
M. Nectelet. B. Gorgias. M. Friquet.
B. De vert. M. Tousjours quelque bouquet,
Selon la faifon de l'année.
B. Et de paige? M. Quelque naquet.
B. S'il vient hafart en ung banquet.
M. Le prendre entre bond & volée.
B. Aux furvenans. M. Chere meflée.
B. Aux povres duppes. M. La havée.
B. Et aux ruftes. M. Le jobelin.
B. Aux mignons de court. M. L'accollée.
B. Aux gens de mefmes. M. La rifée.
B. Et aux ouvriers. M. Le Pathelin.
B. D'entretenir. M. Damoifelin.
B. Et faluer. M. Bas comme luy.
B. Et divifer. M. Motz tous nouveaulz.
B. Pour contenter le femenyn,
Nous ferions plus d'ung efclin,
Que ung aultre de quinze Royaulx.
M. Hée cueurs joyeulx. B. Hée cueurs loyaulx.
M. Preftz. B. Prins. M. Prompts. B. Preux.
    M. Efpeciaulx.
B. Aymez. M. Supportez. B. Bien reçeuz.
M. Nous devrions paffer aux fçeaulx
Envers les officiers royaulx,
Comme meffieurs les defpourveux.
B. De congnoiffance avons affez.
M. On nous a veux. B. Si francs, fi doulx.
M. Helas! cent efcuz nous font deubz.
B. Au fort, fi nous les euffions euz,
On ne tient plus compte de nous.

M. Nous avons faiĉt plaiſir à tous.

B. Chere à dire dont venez vous.

M. Emerillonez. B. Advenans.

M. Cent eſcuz & juger des coups,
On auroit beau mettre aux deux bouz,
Se ne nous tenions des gaignans.

B. Nous ſommes deux ſi beaulx gallans.

M. Fringans. B. Bruyans. M. Allans. B. Par-
lans.

M. Eſmeux de franche volunté.

B. Aagez de ſens. M. Et jeunes d'ans.

B. Bien guetz. M. Aſſez recreans.

B. Povres d'argent. M. Prou de ſanté.

B. Chaſcun de nous eſt habité.

M. Maiſon à Paris. B. Bien monté,
Auſſi bien aux champs que en la ville.

M. Il y a ceſte malheurté,
Que de l'argent que avons preſté
Nous n'en arions croix ne pille.

B. Ou ſont les cent & deux cens mille
Eſcus, que nous avions en pille,
Quant chaſcun avoit bien du ſien ?

M. Au fort, ce nous n'en avons mille,
Nous ſommes ſelon l'Evangille
Des bien-heureulx du temps ancien.

B. J'aymaſſe mieulx, qu'il n'en fuſt rien.

M. Trouvons-en par quelque moyen.

B. Qu'en a à preſent. M. Je ne ſçay.

B. Hé ung angin parizien.

M. Art Lombart. B. Franc praticien,
Pour faire a preſent ung eſſay.

M. Je vis le temps que j'avanſſay
L'argent de choſe, & adreſſay
Tel & tel & tel benefice.

B. Et mais moy, quant je commence
Monſeigneur tei, & luy pourchaſſe

Moy

Moy mefmes tout feul fon office.

M. J'ay efté tousjours à tout propice,
Mais je crains. B. Et quoy ? M. Qu'avarice
Nous furprint fi devenyons riches.

B. Riches, quoy ! Cefte faulce liffe
Pouvreté nous tient en fa liffe.

M. C'eft ce qui nous faict eftre chiches.

B. Nous fommes legiers. M. Comme biches,

B. Rebondis, comme belles miches.

M. Et frayzés comme beaulx ongnons.

B. Auffi coutellez. M. Comme chiches.

B. Adventureux. M. Comme Suyffes
A Nancy fur les Bourguygnons.

B. Entre les gallans. M. Compaignons.

B. Entre les gorgias. M. Mignons.

B. Entre gens d'armes. M. Courageux,

B. S'on barguigne. M. Nous barguignons.

B. Heureulx. M. Comme beaulx champignons,
Mis fus en ung jour ou en deux.

B. Nous fommes les adventureux,
Defpourveuz. M. D'argent. B. Planteureux.

M. De nouvelles plaifantes. B. Tant.

M. Pour fervir princes. B. Curieux.

M. Et pour les mignons. B. Gracieulx.

M. Et pour le commun. B. Tant à tant.

M. Hée, Monfieur de Baillevant,
Quant reviendra le bon temps ?

B. Quant ? Quant chafcun aura fes fouhais.

M. Cent mille efcus argent content,
Sur ma foy, je feroye content,
Qu'on ne parlaft plus que de paix.

B. Nous fommes fi francs. M. Si parfaiz.

B. Si fçavans. M. Si caux en nos faiz.

B. Si bien nez. M. Si preux. B. Si hardis.

M. Saiges. B. Subtilz. M. Advifez. B. Mais.

M. Faulte d'argent, & les grans preffz,

Nous

Nous ont ung peu appaillardis.
B. Habandonnez. M. Comme hardis.
B. Requis. M. Comme les gras mardis.
B. Et fiers. M. Comme ung beau pet en baing.
B. J'ay dueil, que vieulx villains tarnys
Soient d'or & d'argent fi garnis,
Et mignons en ont tant befoing.
M. Nous avons froit. B. Chault. M. Faim. B.
    Soif. M. Soing.
B. Nous traccaffons. M. C'a. B. La. M. Pres.
    B. Loing.
M. Sans prouffit. B. Sans quelque adventaige.
M. Mais s'on nous fonfoit or au poing,
Nous ferions pour faire à ung coing
Noftre prouffit, d'altruy dommaige.
Avez tousjours l'eritaige
De Baillevant? B. Ouy. M. J'enraige,
Qu'en Mallepaye n'a vins, blez, grains.
B. Cent francs de rente, & ung fromage,
Vous oriez dire de couraige,
Vive le Roy! M. Ronfflez, villains.
B. Qui a le vent? M. Joyeulx mondains.
B. Gré de dames? M. Amoureux crains.
B. Et l'argent qui? M. Qui plus embource.
B. Qu'effe d'entre nous courtifains?
M. Nous prenons efcus pour douzains
Franchement, & bource pour bource.
B. Ha! Monfieur. M. Sang bieu la moufte
M'a trop cofté. B. Et pourquoy? M. Pource.
B. Hay, hay! M. Tout eft mal compaffé.
B. Comment? M. On ne jouë plus du pouffe
Qui ne tire. B. Qui & la trouffe
Autant vault ung arc caffé.
M. Monfieur mon pere euft amaffé
Plus d'efcus que on n'euft entaffé
En ung hofpital de vermine.

                               B. Mais

B. Mais nous avons ſi bien ſaſſé,
Le ſang bieu, que tout eſt paſſé
Gros & menu par l'eſtamyne.
M. Si vient guerre, mort, ou famine,
Dont Dieu nous gard', quel train, quel' myne,
Ferons-nous, pour gaigner le brouſt?
B. Quant à moy, je me determine
D'entrer chez voiſin & voiſine,
Et d'aller veoir ſe le pot bout.
M. Mais regardons à peu de couſtz
Quel train nous viendroit mieulx à gouſt,
Pour amaſſer biens & honneurs.
B. Le meilleur eſt prendre par tout.
M. De rendre, quoy? B. On s'en abſoult
Pour cinq ſolz à ces pardonneurs.
M. Allons ſervir quelques ſeigneurs.
B. Aucuns ſont ſi petitz d'honneurs,
Que on n'y a que peine & meſchance.
M. Et prouffit quel? B. Selon les eurs:
Mais, entre nous fins eſtradeürs,
Il nous fault eſplucher la chance.
M. Servons marchans. B. Pour la pitance,
Pour *fructus ventris*, pour la pence,
On y gaigneroit ſes deſpens.
M. Et de fonſſer? B. Bonne aſſeurance,
Petite foy, large conſcience,
Tu n'y ſçez riens, & y aprens.
M. De proces quoy? B. Si je m'y rens,
Je veulx eſtre mis ſur les rencs,
S'ilz ont argent, ſi je n'en crocque.
M. Quelz gens ſont-ce? B. Gros marcheſens,
Qui ſe font bien ſervir des gens,
Mais de payer querez qui bloque.
M. Officiers quoy? C'eſt toute mocque.
L'ung pourchaſſe, l'autre deſroque,
Et ſemble que tout ſoit pour eulx.

B. Laiſ-

B. Laiſſons les la. M. Ho, je n'y tocque :
Il n'eſt point de pire defroque,
Que de malheur à malheureux.
B. Pour deſpourveuz adventureux
Comme nous, encor c'eſt le mieulx
De faire l'oſt & les gens d'armes.
M. En fuite je ſuis couraigeux.
B. Et à frapper ? M. Je ſuis piteux,
Je crains trop les coups pour les Carmes.
B. Servons donc Cordeliers ou Carmes,
Et prenons leurs biſlatz à fermes,
Car il n'y a pas grant debit.
M. Ils nous preſcheroient en beaulx termes,
Et pleureroyent maintes lermes,
Devant que nous prinſſions l'abit.
B. Se en ceſt malheure & labit
Nous mourions par quelque acabit,
Ame n'y a qui bien nous face.
M. J'ay ung vieil harnoys qu'on forbit,
Sur lequel je fonde ung aubit,
Et du ſurplus Dieu ſe parface.
B. Hée fault il que fortune efface
Noſtre bon bruyt ? M. Malheur nous chaſſe.
Mais il n'a nul bien qui n'endure.
B. Prenons quelque train. M. Suyvons traſſe.
B. Nous traſſons, & quelqu'ung nous traſſe.
A loups ravis, groſſe paſture.
M. Allons. B. Mais ou ? M. A l'adventure.
B. Qui nous admoneſte ? M. Nature.
B. Pour aller ? M. Ou on nous attend.
B. Par quel chemin ? M. Par ſoing ou cure.
B. Logez ou ? M. Pres de la clouſture
De Monſieur d'Angoulevent.
B. Comment yrons nous ? M. Juſqu'a Cla-
    quedent,
Et paſſerons par Mallepaye.

                              B. Brief

B. Brief c'eſt le plus expedient,
Que nous gettons la plume au vent :
Qui ne peult mordre, ſi abaye.
M. Ou ung franc couraige s'employe,
Il treuve à gaigner. B. Querons proye.
M. Deſquelz ferons nous ? B. Des plus fors.
M. Il ne m'en chault mais que j'en aye,
Que la plume au vent on envoye.
B. Puis apres ? M. Alors comme alors.
B. La plume au vent. M. Sus. B. La. M. De-
    hors.
B. Au haut & au loing. M. Corps pour corps,
Je me tiendray des mieulx venuz.
B. On n'yra point, quant ferons mors,
Demander au Roy les treſors
De meſſieurs les deſpourveuz.
La plume au vent. M. Je le concluz
Pour les povres de ceſte année.
B. Ne demourons plus ſi confuz,
Au grat la terre eſt degelée.
M. Allons. B. Suyvons quelque trainée,
Ou faiſons cy demourée.
M. Devant. B. Voſtre fievre eſt tremblée,
Car nous ſommes tous etourdiz.
M. Dieu doint aux riches bonne année :
B. Aux deſpourveuz. M. Graſſe journée ;
B. Et aux femmes peſants maritz.
Prenez en gré, grans & petitz.

*Les Piéces fuivantes font tirées d'un
M S. du Commencement du feizieme
Siecle, qui eft dans une des plus magni-
fiques Bibliotheques de Paris. Plufieurs
Perfonnes, diftinguées par leur Erudi-
tion & par leur Bon-Goût, les ont
trouvées fi ingénieufes, que nous avons
crû devoir les donner au Public.*

PREMIERE BALLADE.

I.

J'AY ung arbre de la plante d'amours,
  Enraciné en mon cueur proprement,
Qui ne porte fruits fi-non de doulours,
Feilles d'ennuy, & fleurs d'encombrement.
Mais puis qu'il fut planté premierement,
Il eft tant creu de racine & de branche,
Que fon umbre, qui me porte nuyfance,
Fait au deffoubs toute joye fechier;
Et fi ne puis, pour toute ma puiffance,
Autre planter, ne celuy arrachier.

I I.

De fi long-temps eft arrofé de plours,
Et de lermes tant douloureufement;
Et fi n'en font les fruits de rien meillours,

Ne je n'y truys (*a*) guaires d'amendement.
Je les recueil pourtant foigneufement.
C'eft de mon cueur l'amere fouftenance,
Qui trop mieux fuft en friche ou en fouffrance,
Que porter fruits qui le deuffent blecier.
Mais pas ne veult l'amoureufe ordonnance,
Autre planter, ne celui arrachier.

III.

S'en ce printemps, que les feilles & flours
Et abrynceaux (*b*) percent nouvellement,
Amours vouloit moy fere ce fecours,
Que les branches qui font empefchement,
Il retranchaft du tout entierement,
Pour y hanter ung rynfeau (*c*) de plaifance;
Il gecteroit bourgeons de fouffifance :
Joye en iftroit (*d*), dont il n'eft rien plus chier;
Et ne faudroit, ja par'defefperance,
Autre planter, ne celui arrachier.

IV.

Ma Princeffe, ma premiere efperance,
Mon cueur vous fert en dure penitence :
Faictes le mal, qui l'acqueult (*e*), retranchier;
Et ne fouffrez, en voftre fouvenance,
Autre planter, ne celuy arrachier.

SE-

(*a*) *Truys.*] De *truyre*, qui fignifie *trouver*. Dans le *Roman de la Rofe*, on lit :
    Mort le truis devant fa Porte. R. d. l'E.

(*b*) *Abrynceaulx.*] C'eft-à-dire, *Arbriffeaux*. R. d. l'E.

(*c*) *Rynfeau.*] C'eft-à-dire, *un petit Rameau*. R. d. l'E.

(*d*) *Iftroit :*] du Verbe *Iffir*, qui fignifie *fortir*. C'eft donc à dire, *Joye en fortiroit, en naitroit.* R. d. l'E.

(*e*) *Acqueult :*] au lieu d'*accueille*. On difoit autrefois *cuelt* pour *cueille*; témoin ce Vers de Chriftian de Troyes :
    Qui petit feme, petit cuelt. R. d. l'E.

II. Partie.   E

SECONDE BALLADE.

I.

PLAISANT aſſez, & des biens de fortune
Ung peu garny, me trouvay amoureux:
Voire ſi bien, que tant aymay fort une,
Que nuit & jour j'en eſtois langoureux.
Mais tant y a, que je fus ſi heureux,
Que, moyenant vingt ecus à la roſe,
Je fis cela que chacun bien ſuppoſe.
Alors je dis, connoiſſant ce paſſage,
Au fait d'amours babil eſt peu de choſe,
Riche amoureux a touſjours l'avantage.

I I.

OR eſt ainſy, que, durant ma pecune,
Je fus traité comme amy precieux;
Mais, toſt apres, ſans dire choſe aucune,
Cette vilaine alla jetter les yeux
Sur un vieillard, riche, mais chaſſieux,
Laid & hideux, trop plus qu'on ne propoſe.
Ce neantmoins, il en jouït ſa poſe (a).
Dont moy confus, voyant un tel ouvrage,
Deſſus ce texte allay bouter (b) en gloſe,
Riche amoureux a touſjours l'avantage.

I I I.

OR elle a tort, car noyſe, ny rancune,
N'eut onc de moy, tant luy fus gracieux.
Que s'elle euſt dit, Donne-moy de la Lune,
J'euſſe entrepris de monter juſque aux cieux:

Et,

(a) Poſe:] au lieu de Pauſe, du Latin Pauſa, c'eſt-à-
dire, tranquilement. On écrivoit autrefois faire poſe, pour
pauſe. R. d. l'E.
(b) Bouter.] C'eſt-à-dire mettre. R. d. l'E.

Et, non-obftant, fon corps tant vicieux
Au fervice de ce vieillart expofe.
Dont, ce voyant, un Rondeau je compofe,
Que luy tranfmets. Mais, en pou de langage,
Me refpond franc: Povreté te depofe,
Riche amoureux a tousjours l'avantage.

I V.

PRINCE, tout bel, trop mieux parlant qu'O-
rofe,
Si vous n'avez tousjours bourfe déclofe,
Vous abufez. Car Meung, Docteur tres-fage
Nous a décrit, que, pour cueillir la Rofe (a),
Riche amoureux a tousjours l'avantage.

TROISIEME BALLADE.

I.

QUI en amours veut eftre heureux,
Faut tenir train de Seigneurie;
Eftre prompt, & avantureux,
Quand vient à monter l'armarie (b),
Porter drap d'or, orfaverie;
Car cela les Dames émeut.

Tout

(a) *Meung —— la Rofe.*] Jean de Meung, dit Clo-
pinel, Continuateur du *Roman de la Rofe,* dont le But eft
d'enfeigner à cueillir
 Du beau Rofier d'Amour le Bouton précieux,
comme l'a dit à peu près autrefois Baïf. *R. d. l'E.*

(b) *Armarie.*] Vieux Mot inconnu à nos *Dictionnaires*
d'anciens Termes. Peut-être *montrer Armaries,* ou *Armarie,* veut-il dire, *faire Montre d'Armes amoureufes,* ou *faire
fa Declaration d'Amour.* Mais, cela feroit amené de bien
loin. *R. d. l'E.*

Tout fert : mais, par Sainɕte Marie,
Il ne fait pas ce tour qui veult.

I I.

Je fus nagueres amoureux
D'une Dame cointe & jolie,
Qui me dit en mots gracieux :
Mon amour eɕt en vous ravie ;
Mais il (*a*) fault qu'elle ɕoit deɕɕervie,
Par cinquante ecus d'or, s'on peut.
Cinquante ecus, bon gré ma vie !
Il ne fait pas ce tour qui veult.

I I I.

Alors luy donnay ɕur les lieûx,
Où elle feiɕoit l'endormie.
Quatre venues (*b*), de cœur joyeux,
Luy fis en moins d'heure & demie.
Lors me dit à voix eɕpaɕmie :
Encore un coup, le cœur me deult.
Encore un coup ! Hélas, m'amie,
Il ne fait pas ce tour qui veult (*c*).

I V.

Prince d'Amours, je te ɕupplie,
Si plus ainɕi elle m'accuelt (*d*),
Que ma lance jamais ne plie.
Il ne fait pas ce tour qui veult.

(*a*) Otez cet *il*, qui gâte le Vers. R. d. l'E.
(*b*) Liɕez *venu's*, pour la Meɕure du Vers. R. d. l'E.
(*c*) *Encore un coup.... qui veult.*] Penɕée fort ɕemblable
à celle du Rondeau ɕi connu, *Je ne ɕuis pas de ces Gens-là*.
R. d. l'E.
(*d*) *M'accuelt :*] ou plûtôt *m'acqueult*, comme ci-deɕɕus
à la Fin de la première de ces trois *Ballades*. Ici, *m'acqueult*
veut dire, m'*aborde*, me *ɕollicite*. R. d. l'E.

TABLE

TABLE
DES PIECES

DE CETTE

SECONDE PARTIE.

TABLE DES PIECES.

F I N.

www.ingramcontent.com/pod-product-compliance
Lightning Source LLC
LaVergne TN
LVHW022021080426

835513LV00009B/825